Morning Glory 2008–2018

Morning Glory
2008–2018

Poetische Aphorismen
für
jeden Tag

Eckart Rüther

Bibliografische Information der Deutschen Nationalbibliothek:
Die Deutsche Nationalbibliothek verzeichnet diese Publikation
in der Deutschen Nationalbibliografie; detaillierte bibliografische
Daten sind im Internet über dnb.dnb.de abrufbar.

© 2019 Eckart Rüther
Korrektorat, Satz, Umschlaggestaltung, Herstellung und Verlag:
BoD – Books on Demand, Norderstedt

ISBN: 978-3-7494-6035-9

Morning Glory

An

Geline

Zum Geleit

Morgendliche Gedanken begleiten durch
den Tag, gestalten die Stimmung, machen
zuweilen nachdenklich, erfreuen das Herz
und sind Anregung für spätere Gespräche.
Die Aphorismen beziehen sich
auf das tägliche Miteinander, die
Auseinandersetzung mit der Familie,
auf die Arbeit und kulturelle / politische
Themen unserer Zeit.
Sie betreffen jeden Menschen.
Sie sind gedacht als ein Frischekick für
einen achtsamen Tag.
This day is the first day of the rest of your
life.

Angelica Gruber-Rüther
2019

2008 Januar

Ich schleich aus deinem Bette still,
ich schleich, obwohl ich es nicht will,
ich nehm dich überall hin mit
und bleib bei dir, wir sind zu dritt.

2008 Januar

Die Zeit
ist rar,
die Lieb'
ist gar,
der Tag
erdrückt,
von dir
bin ich entzückt.

2008 Januar

Mit so einer guten Mutter
stets Töchterlein lieb,
in richtig gutem Futter,
wie's die Bibel verschrieb,
du bist der beste Psychiater
und Mutter, noch mehr als der Vater.

2008 Januar

Wenn ich in der Arbeit verschwinde,
bleibe ich dein Angebinde,
kein Faschingsscherz,
es spricht das Herz.

2008 Januar

Nächtle! Schlaf!
Sei mein liebstes Schaf.
Wenn ich zu Dir da(r)f,
bin ich wirklich scha(r)f.

2008 Januar

Du, immer nur du,
ich habe keinen anderen Schuh,
nur dieser wird passen
auf all meinen Straßen.

2008 Februar

Bin viel weg,
bin deine Zeck,
kleb an dir fest,
für mich das Best,
willst du mich tragen?
Wirst niemals verzagen.

2008 Februar

Gedichte sind der Liebe Ort,
sie sind der Wahrheit richtig Wort,
glaube, wenn der Dichter spricht,
er nie die Liebe bricht.

2008 März

Solang die Alpen in der Sonne glänzen,
gibt es zwischen uns auch keine Grenzen.

2008 April

Wie Wind sind unsere Kinder,
sie stürmen noch geschwinder
als alle Sonnenwinde:
Wie schützt man sich vorm Kinde?
Wir schaffen es doch beide
auch ohne Herzeleide.

2008 Juni

Wenn Gefühle manchmal streiken,
wir recht kräftig biken,
stützen uns dann gegenseitig,
dann kommt Lachen zeitig.

2008 August

Ich suche nach der Mauer
und warte auf die Hitze,
dann bist du nicht mehr sauer,
wenn ich mit dir drauf sitze.

2008 Oktober

Wenn Musik dich so sehr streift,
deine Seele über Grenzen schweift,
du bist müßig für mich – und sieh,
die Grenzen öffnen sich wie nie.

2008 November

Musik vereint,
die Liebe weint
vor lauter Glück,
bald bin ich zurück.

Wir bleiben jung,
mit ganz viel Schwung,
dazu brauche ich
nur dich.

Wer immer sich erfreut
am anderen, ist bereit,
zu lieben und zu leiden
wie Kühe auf den Weiden.

Wenn der Knochen bricht,
meine Liebe spricht:
Lass dich nur verwöhnen,
bitte nicht mehr stöhnen,
1.000 echte
Liebes
Küsse
süße
Nüsse
einer
Liebe.

2009 März

Die Sonne kommt nun doch,
die Blumen finden ein Loch,
wir strahlen um die Wette,
wie auch deine Kette.

Gehe ich an deiner Seite,
erlebe ich der Liebe ganze Breite.

2009 März

Ich werde weiter mich bemühen,
bis alle deine Wünsche blühen.

2009 März

Die Hachi ist ein Schatzi,
der Tutti ist ein Frutti,
wenn Tutti hat die Hachi,
hat Frutti auch ein Schatzi.

2009 März

Die Frühlingslüfte lassen warten,
schau doch in deinen eigenen Garten,
die Blumen finden dort ein Loch,
die Liebesnester gibt es doch.

2009 März

Juchhe, dies ist der letzte Schnee,
die großen weißen Flocken,
wollen die Sonne locken,
juchhe.

2009 März

Ich kann nicht gehen, ohne ein Gedicht,
ich kann nicht gehen, ohne dein Gesicht
zu küssen und zu herzen,
wenn ich laut bin, will ich scherzen.

2009 März

Der Frühling ist da,
ich bin nicht Papa,
ich bin dein Freier,
wir suchen die Eier.

2009 Mai

Als wir in den hohen Anden
unsere Seelen aneinanderbanden,
Kondore zogen ihre Kreise
mit dem Zeichen: Ihr seid weise.

2009 Juni

Lass dem Regen seine Tropfen,
lass dem Biere seine Hopfen,
lass die Liebe zu dir mir,
dann strahl ich wie die Sonne dir.

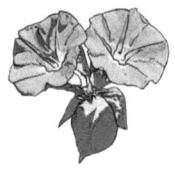

2009 Juni

Schon gehe ich in aller Frühe
durch die morgendliche Brühe,
am Abend eil ich ohne Harm,
in deinen immer off'nen Arm.

Ich danke dir so sehr,
dass du läufst hinterher
den Enkeln im Zoo,
denn sie freuen sich so.

2009 Juli

Wenn wir die Bilder zeigen,
müssen sich alle verneigen,
denn unsere Frauenbilder
sind unsere Liebesschilder.

2009 September

Durch Herbstes Nebel laufen,
saure Weine saufen,
im Kino ganz laut lachen,
das wollen wir machen.

2009 September

Wir wandern durch die Welt
und finden kein großes Geld,
wir haben uns recht lieb,
das nimmt uns nie ein Dieb.

2009 Dezember

Ich bin dein süßer Nikolaus
und wandere bei dir ein und aus,
verstärke weihnachtlich' Gefühle,
wenn ich mich durch die Betten wühle,
ich bleibe treu
im Heu,
und wenn mir das Gedicht
aus meinem Geiste bricht,
stehst du allein vor mir,
wie der Kater vor der Tür.

2010 März

Wenn Du so tanzest beim Sport,
reißt Fantasie mich weit fort,
lass Musik uns immer bewegen,
dann werden Probleme sich legen.

2010 März

Aus ist der Regen,
wir werden uns pflegen
am Wolkenende,
das ist die Wende.

2010 Mai

Medea opfert Mann, Kind und Leben ihrer Liebe,
als ob sie ewig Siegerin im Wahnsinn bliebe,
wir lieben ohne alle Dramen, ohne Wut,
nur wenn bis sechs gezählt wird, kocht das Blut.

2010 August

So ein paar Stunden hier allein,
da meint man ja, das kann nicht sein,
sucht oben und auch mitten unten,
Geline ist und bleibt verschwunden,
doch im Gehirn, da steht sie auf,
bleibt mehr und mehr mein Lebensknauf,
da halte ich mich immer fest,
Geline ist das aller Best,
bis Mitternacht
es kracht.

Das Filipino nahm uns auf,
für Berg und Tal im Dauerlauf,
genüsslich steht vor uns das Bier,
so fühlen wir uns recht als wir.

Die Sonne spart ein wenig ein,
dafür fließt weiß und roter Wein,
kein Knödel hält für uns den Stand
die Wale lang liegt unser Strand.

Komm, meine Süße, lass uns feiern,
bei Frühstück mit den reichen Eiern,
Genuss ist immer angesagt.

Auch wenn der Muskel noch so plagt,
wir bleiben Herd und Himmel treu,
umarmen uns im Stadelheu.

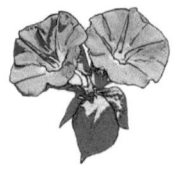

2010 September

Wenn Sonne scheint,
kein Herz mehr weint,
wenn die Geline weint,
der Kuschel ihr erscheint,
wird mit ihr Sachen machen,
dann wird sie lachen.

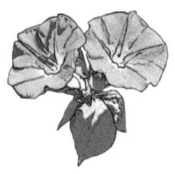

2010 August

Noch schnell für die Liebste den Reim,
für sie bin ich bald wieder daheim,
zum Herzen und Kosen,
wie bei den Herbstzeitlosen.

2010 August

Ich war krank,
mein Herz eine Bank,
drauf liegt mein Schatz –
du! Kriegst einen Schmatz.

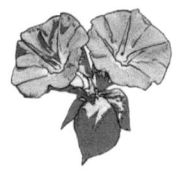

2010 Oktober

Um fünf ist die Nacht zu Ende,
die Träume spulten ganze Bände
von Liebe mit Geline – und von Reisen,
wir beide werden sein wie Meisen.

2010 Oktober

Wir sind die zwei,
die sind dabei
kein Einheitsbrei,
kein einerlei,
auf Verderb und Gedeih
immer wir zwei.

2010 November

Wir pflegen unsere Toten,
sie bleiben unsere Boten,
was wollen sie uns sagen?
Ihr sollt das Diesseits wagen!

2010 November

Mit diesen vielen Herzen
sei willkommen,
auch wenn keine Kerzen
hergeschwommen
sind, sie werden immer brennen
in mir und dich erkennen,
ich sitze immer neben dir.

2010 November

Nur zwei Tage
niemals zage,
komm ganz schnell
ins .... Hotel.

2010 Dezember

Und wieder treibt mich in die Welt
die Suche nach dem vielen Geld,
die Liebe treibt zurück ins Haus
mich wieder zum
Geburtstagsschmaus.

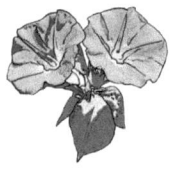

2010 Dezember

Ich bin und bleib dein Nikolaus,
komm immer wieder in dein Haus,
ich bring dir süße Küsse mit,
die halten mit der Liebe Schritt.

2011 Oktober

Es ist wirklich zu dumm,
die schöne Zeit ist schon wieder um,
doch wir machen immer weiter
und bleiben liebevoll und heiter.
Danke für die Tage,
niemandem das sage.

2011 Oktober

Bin immer bei dir,
was auch kommt,
du bist bei mir,
wie es auch kommt.

2011 November

Die Arbeit lasse heute ruhen,
sei einfach mal ein blindes Huhn,
du siehst jetzt keine Arbeit mehr,
das eine Korn am Abend ist nur ER.

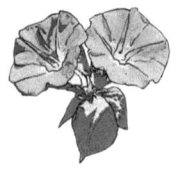

2013 September

Wenn der Nebel steigt,
unsere Seele geigt,
wir warten nicht auf Schnee,
uns tut heute gar nichts weh.

2013 September

Ist es in der Welt auch noch so schön,
ich zieh es vor, mit dir spazieren zu gehen.

Wir werden in die Ferne reisen
wie blaue und grüne Meisen.

2013 Oktober

Wir finden jeden Tag zusammen,
so wie wir auch im Sommer schwammen,
die Zehn, die Zehn
wird auch verwehen,
doch wenn wir gehen,
bleibt die Liebe besteh'n.

Rechts der Isar Hörsaal D
freut sich auf dich wie auf Schnee,
gute Besserung der Grippe,
dann essen wir den Kuchen anstatt 'ner
    Schrippe.

2013 Oktober

Die Sonne ist verschwunden,
doch du bleibst an mich gebunden.

2013 Oktober

Auch wenn der Husten noch so quält,
der Heilig Geist die Seele stählt,
die Musik bringt uns viel näher,
da braucht man keinen Späher,
Umarmung ist eher,
ich bin doch kein Seher.

2013 Oktober

Das Gedächtnis will dem Leben
die Vergangenheit lieb geben,
gnädig gibt es mit den Lücken
sie zurück und zum Entzücken.

2013 Oktober

Gestern für dich keine Gans,
immer für dich Kuschel ganz.
Ich kenne dich ganz gut,
drum verlässt mich nicht der Mut,
dich immer weiter zu erkunden,
das ist mit der Erfüllung deiner Wünsche
verbunden.
Die Zäune sind geschnitten,
wir wollen die Sonne bitten,
heile unser schönes Gras,
zumindest bis zum Osterhas'.

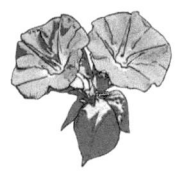

2013 November

Wir meistern alle Schwierigkeiten,
wenn wir uns gegenseitig leiten.

2013 November

Gemütlich ist die dunkle Zeit,
auch wenn ich manchmal etwas weit,
ganz bald komm wieder ich zu dir,
der Liebe Kerzlein leuchtet mir.

2013 November

Das Scherzl ist kein Scherz.
es ist ein Teil von meinem Herz.

Da kommt noch ein Gedicht,
denn du siehst mich nicht,
später bin ich wieder da
bei unser aller Mamama.

Die Woche geht zu Ende,
wir reichen uns die Hände
und zwingen unser Glück
immer wieder zu uns zurück.

2014 Januar

Das Leben ist ein lustig Floh,
benimmt sich wie ein echter Gast.
Saugt alles, springt von Freud zu Last,
dich zu lieben, macht mich froh
(immer auch leichtfüßig).

2014 März

Mit Musik und Lachen
kann das Leben Freude machen.

An deinem Platze liegt ein Knust,
der ist nicht wüst, sondern nur wust.
Wenn ich nur wüsste, was denn wust
heißt, außer diesem Reim auf Knust.

2015 Oktober

Wir fahren durch des Herbstes Farben,
wie könnte da die Liebe darben?

Der Freitag ist der Beginn vom Ende
der Woche, das uns führt in Fantasiegelände.

2015 Oktober

Barock – Musik ist wie im Himmel zu
    schweben
und wie ein Engel auf, in, unter Wolken zu
    leben.

2015 Oktober

Sauerkraut ist wohl das wahre
    Durchführungsmittel,
das dir jedoch niemals verschreibt der
    weiße Kittel.

2015 Oktober

Herbstblätter halten ihre Farben, wenn sie
    fallen,
recht lange – und zur Freude von uns allen.

Der Mond steigt auf wie ein Ballon.
Herabzusteigen ist sein Lohn.

2015 Oktober

Der, der alles falsch gemacht,
hat dann auch niemals mehr gelacht,
doch wenn wir was gemeinsam machen,
kann auch dieser wieder lachen.

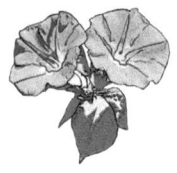

2015 November

Wir gratulieren der Tochter von Herzen
und uns selbst ganz ohne Schmerzen.

2015 Dezember

Das Reisen
mit Meisen
wäre schön nie und nimmer,
aber mit dir
wäre es schöner wie immer
doch auch im Zimmer.

2016 Januar

Wo immer wir 2016 weilen,
Zeit ist für ein paar Zeilen
zu dir
von mir.

Wir turnen für des Körpers Heil,
ist für die Seel ein Kletterseil.

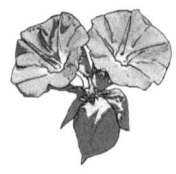

2016 Januar

Nächte geschlafen neben dir
fühlen sich an wie Weihnachtspapier.
Welch Überraschungen sind da drin,
wenn ich immer bei dir bin?

2016 Januar

Die Dunkelheit im Winter hat versteckt,
was die Liebe hat im Sommer ausgeheckt.

2016 Januar

Der Denker im Raum
fühlt der Schönheit Schaum.
Ist kein Schaumschläger,
sondern ein Healing-Jäger.

2016 Januar

Was bin ich für ein kleiner Wicht,
die ganze Woche kein Gedicht,
ich will mich ganz schnell ändern und
mit dir dichtend schlendern.

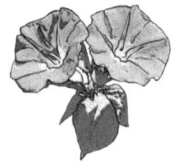

2016 Januar

Den Kuchen mit Gewissen
zu genießen ist beschissen,
doch wahrlich ist er zu genießen,
wenn wir ihn lieb begießen.

2016 Januar

Und wieder geht die kleine Meise
mit ihrem Liebsten auf große Reise.

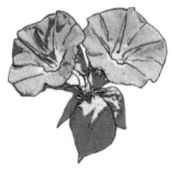

2016 Januar

Zwei Zeilen müssten heut genügen,
ich lieb dich wirklich, ohne zu lügen.

Um eins heut an der Feldherrnhalle
ist die Arbeitswoche alle.

2016 Februar

An diesem Montag sind die Rosen
keine Blumen,
sondern lustige Menschen mit bunten Hosen.

2016 Februar

Du hast dich so geschunden
und endlich ES gefunden,
drum sagen wir den Dank
an unsre Ahnenbank,
was immer wir verlieren,
wir suchen es zu vieren.

2016 Februar

Am Aschermittwoch ist gar nichts vorbei,
wir fanden den Buddha, juchhei.

Wenn dich die Fischlein quälen,
musst du das Streicheln wählen.
Von deinem liebsten Mann,
der's kann.

2016 Februar

Das Morgenrot will gerne sehen,
dass wir mit Sonne spazieren gehen,
doch dann ist es schon lange fort
und landet an einem anderen Ort.

wir beide tun dem Husten
ganz gehörig einen pusten.

2016 Februar

Der Valentin bringt Süßes dir,
zu Haus trink ich auf dich ein Bier.

morgen kommt die Kleine,
sie ist meine und auch deine.

dank für die Säfte,
das gibt mir wieder Kräfte.

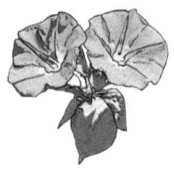

2016 März

Die Welt ist Krankheit und viel Leid,
jetzt wird für Freude erst mal Zeit.

2016 März

Diese Art der Nibelungen
haben wir uns nicht ausbedungen,
die können auf uns warten,
wir leben in unserem Garten.

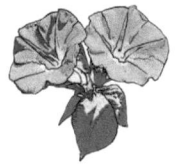

2016 März

Bin heut nicht direkt bei dir,
indirekt dein Streicheltier.

Krankheit kommt und geht,
auch die Musik verweht,
die Liebe möge bleiben,
nicht nur zum Zeit vertreiben.

Du machst mich schön,
du ziehst mich an,
du machst aus mir den schönsten Mann.
Ich möchte dies mal für dich tun,
mit goldn'en Kleidern und auch Schuh'n.

ist die Ordnung in der Zeit,
ist das Lebensglück nicht weit.

2016 März

Streifen im Bett
machen schlank, nicht fett,
von dir ist das nett,
mit dir lieg ich im Bett.

ich schreie in die Welt hinaus,
die Bösen müssen aus ihr raus,
wenn es morgens schon so hell,
steigen Gesundheitssäfte schnell.

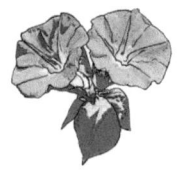

2016 März

Im Schlafen und im Wachen
nehm ich deine Hand
zum Reden und zum Lachen,
sind wir uns wohlbekannt.

heute Morgen Sonne
holt uns aus der Wintertonne.

2016 März

Der Frühling ist da, juchei,
und wir beide sind dabei.

2016 März

Mit diesen Frühlingstassen
wir den Sommer nicht verpassen.

2016 März

Verzeih mir doch das Bellen,
ich will doch nur erhellen,
dass ich wirklich weiß,
ich mach mal wieder scheiß,
nie finde ich das Nein,
ein Ja-Sager will ich sein,
ich mache zu die Vase
und bin dein Osterhase.

2016 März

Gehen wir heut im Nordbad essen,
damit wir nicht den See vergessen!

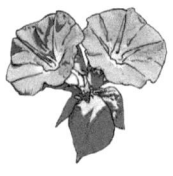

2016 April

Der gemeinsame Genuss
verhindert jeden Weltverdruss.

2016 April

Ein Rezept muss es tun,
wenn die Nerven nicht ruhn!
Das Kleiderballett aus farbigem Holz
erwecke in uns den Künstlerstolz.

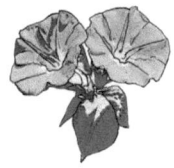

2016 April

Wir wollen das Geld nur sichern,
vermehren lässt uns kichern.

2016 April

Elektra singt der Rache Weisen,
indes der Bruder Tatkraft muss beweisen.

2016 April

Heute kommt die neue Hütte,
von da betrete ich die Bütte,
ich rede dir gut zu,
nicht nur mit einem Muh.

2016 April

Des kleinen Maxims wundersamer Zorn
stärkt seine Kräfte, treibt ihn ganz nach vorn.

2016 April

Das Leben ist kein Trauerspiel,
es lebte dafür viel zu viel!

2016 April

Verschwunden sind alle Meisen mit A
dank bösen Pulvers so tödlich: Hurra!

2016 April

Mir ist vor dieser Woche gar nicht bang,
denn am Ende steht Musik mit dem LangLang.
LangLang hängt alle Erdenschwere
in geistig sinnlich Himmelsphäre.

2016 April

Freunde sind wie altes Brot,
man wirft sie erst mit Schimmel fort.

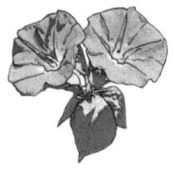

2016 Mai

Witze, die die anderen machen,
bringen uns nur kurz zum Lachen.
Über unsere eig'nen Sachen
können wir viel länger lachen.

2016 Mai

Ach so grausam ist die Natur
und so wunderbar deswegen nur.

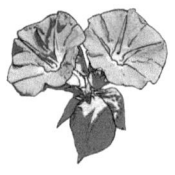

2016 Mai

Was immer da auch kommen mag,
es sei für uns ein schöner Tag.

2016 Mai

Im Traum stört dich mein „Hoppe Reiter"
mit Dada auf der Pferdeleiter.

2016 Mai

Vorerst das letzte Frühgedicht,
was dann kommt, das verrat ich nicht.

2016 Mai

Da sind wir wieder daheim,
mir aber fehlt dafür der Reim.

2016 Juni

Die Mitte 16 hat begonnen,
frohe Zukunft haben wir gewonnen.

2016 Juni

Der Juni ist uns heilig,
die Sonne hat es eilig.

2016 Juni

Und ist das Wetter noch so schlecht,
wir machen es dem Enkel recht,
mach dir keine Sorgen,
das Heut ist wichtiger als morgen.

2016 Juni

Der Schrei in der Nacht
hat dem Tag das Glück gebracht.

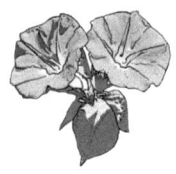

2016 Juni

Ein Abend am See und mit Alpen und Schwan
entführe uns wieder mit dem lieblichen Kahn.

2016 Juni

Morgen kommt der Kleine,
der macht uns wieder Beine.

2016 Juni

Der Kleine ist weg,
wir sind im Versteck.

2016 Juni

Ich will mich nicht blamieren,
will mit Erfolg dich zieren
und nicht verlieren.

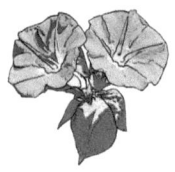

2016 Juni

Schönen Urlaub woll'n wir planen
auf der Entdecker neuen Bahnen.

2016 Juni

Und im schönen Land der Griechen
werden wir neue olympische Götter
    beriechen.

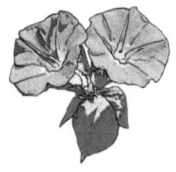

2016 Juni

Es gibt da manche Tage,
da ist Schlaf die größte Plage,
doch von der Sonne am Morgen
können Kraft wir uns borgen.

2016 Juni

Du sorgst so gut für die Banane,
als Ehefrau die reinste Sahne.
Ab morgen ist vier Wochen Juli,
da sag ich: houli-mouli-mouli.

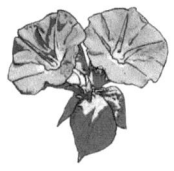

2016 Juli

Die Rosen vom Land wollen duften,
am Wochenende wollen wir nicht schuften.

2016 Juli

Da bist du endlich wieder,
munter werden meine Glieder,
die Katze singt die Freudenlieder.

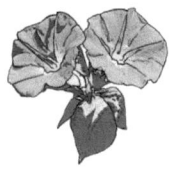

2016 Juli

Wenn der Traum vom Sieger platzt,
gehört der Verlierer der bösen Katz.

2016 Juli

Isst du nicht gerne, was ich für dich kaufe,
magst du doch sehr, wenn ich für dich laufe.

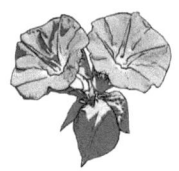

2016 Juli

Deine neue Marmelade
ist zum Essen viel zu schade,
doch erst beim richtigen Essen
kann man deine Kunst ermessen.

2016 Juli

Dank für Breze und Obst
und dass du meine Küsse lobst.

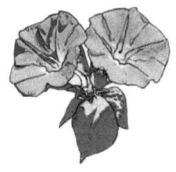

2016 Juli

Die Blumenwiese klingt wie Richard
Strauß,
da tönt unsere ganze Liebe raus.

2016 Juli

Der Kleine sitzt wie Goldi auf dem Pferd,
er meint, es wäre Mamis dicker Bert.

2016 Juli

In dieser sommerlichen Muße
hab ich auch Freude an dem rechten Fuße
und du wohl auch
an meinem schlanken Bauch.

2016 Juli

Der Berg ist hoch, der Blick ist weit,
genießen wir in Zweisamkeit.

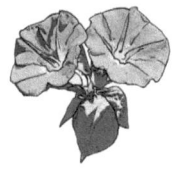

2016 Juli

Erst wollen wir im Wasser schwimmen,
dann höchste Berge schnell
erklimmen,
auch wenn das an den Kräften zehrt,
für uns ist es die Mühe wert,
den Rest der blauen Beeren
musst du auch noch verzehren.

2016 Juli

Im dunklen Himmel donnert das Gewitter,
im schwarzen See sind wir die Wellenritter,
im Sommer lieben wir das Obst,
damit du ihn und mich recht lobst.

2016 August

Wenn klug die Männer ihre Worte setzen,
die Damen schlau die Krallen wetzen.

2016 August

Die Sonne im August
macht Freude uns und Lust.

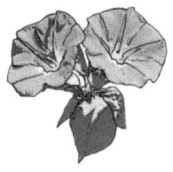

2016 August

Im Sommer sind die Tage heiß,
die Nächte kälter – und wer weiß,
was Gott sich hat dabei gedacht,
dass er solch Unterschiede hat gemacht.

2016 August

Ich bin kein Engel von Bunuel,
bin nur als Lichtgestalt zur Stell'.

2016 August

Heute essen wir Salat
mit Schinkenbrot, nicht fad,
dann bring ich Obst mit aus der Stadt,
damit die Liebste auch was hat.

2016 August

Die raue Schale schützt der Trauben Süße,
damit das Innere stets auch nach außen
    grüße.

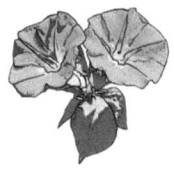

2016 August

Nach dieser schönen Fahrt
hat Göttingen den Altersbart.

Du schwimmst im See so zügig schnell,
da wächst um mich ein Tigerfell.

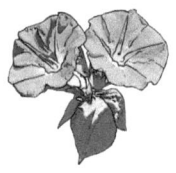

Wer sein Auto mal erneuert,
ist doch wahrlich nicht bescheuert,
handelt sinnvoll und auch klug,
wie der Bauer mit dem Pflug.

2016 August

Du musst auch dieses wissen,
es ist wie im Bett mit den Kissen,
der Sommer im letzten August
sagt dem September, du musst
den Herbst vom Winde lassen,
damit die Menschen verblassen.

2016 August

Ich wische meine Dusche trocken,
um Wüstentiere anzulocken.

2016 August

Ich wünsch't, mit dir das Wochenende
hätt' nie zur Woche eine Wende.

2016 August

Dank altes Auto, du hast uns beschützt,
wir haben dich schon mal voll ausgenützt.

2016 August

In Vollmondnächten ist der Schlaf Tortur,
was will er damit sagen nur?
Dein Schicksal hängt von Sternen
ab, such es in weiten Fernen.

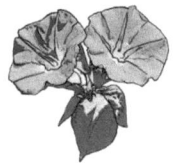

2016 August

Das neue Auto, du magst es kaum glauben,
hat das strahlende Weiß von Liebeslauben.

2016 September

Ein Kilo mehr hat noch niemandem
    geschadet.
Hauptsache, wir haben im blauen Meer
gemeinsam gebadet.

2016 September

Die Ungeduld verzeih,
Gott mir Geduldigkeit verleih.

2016 September

Die Kinder lassen uns nicht los,
was machen wir da bloß?
Es ist richtig,
es ist so wichtig!

2016 September

Der erste Morgen im Jahr mit künstlichem
    Licht,
wir vergessen die Sommer-Sonne fürs
Leben nicht,
drum müssen unsere Kleinen
in Basel niemals niemals weinen.

Die dunkle Jahreszeit hat auch etwas
   Gutes,
man muss ja aufstehen und man tut es.

2016 September

Lass dir von jedem Tage sagen,
du bist der schönste von allen Tagen,
so werden wir gemeinsam wagen,
zu jedem ebenso zu sagen.

2016 September

Gemeinsam Hand in Hand durch diese
    Stadt zu schlendern
muss unsre Stimmung immerzu zum
    Besten ändern.

2016 September

Das Leben ist nicht nur ein Spiel,
doch wenn, dann ist das wirklich viel.

2016 September

Das Licht verhilft uns an jeglichem
    Morgen,
zu verscheuchen die nächtlichen Sorgen.

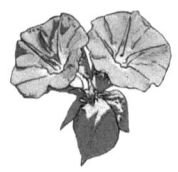

2016 September

An jedem Abend begrüß ich im Norden
    den blinzelnden Stern,
ich weiß, er hat dich und mich wirklich
    gern.

2016 September

Im Baum schlägt noch der letzte Fink,
er meint, er dreht das ganz große Ding.

2016 Oktober

Wenn wir unsre Kinder beschützen,
wir uns selbst nützen.

2016 Oktober

Vom Kalk ganz frei sind deine Gefäße.
Ach! Wenn doch nur der Rücken richtig säße.

2016 Oktober

Ich will mich um deine Gesundheit sorgen,
gestern, heute und auch übermorgen.

2016 Oktober

Jetzt kommt die große Dunkelheit
und damit auch die kurze Zeit,
wir zünden in uns an ein Licht,
die Dunkelheit erschreckt uns nicht.

2016 Oktober

Wenn unsre Gedanken durch die Welten
    schweifen,
wir Bodenhaftung brauchen wie das Auto
    seine Reifen,
einen für jedes Wetter,
dann wird das Weltall netter.

2016 Oktober

Start-up ist jeden Tag die Liebe,
ach, wenn das doch so immer bliebe.

2016 Oktober

Das wird das letzte Symposium sein,
dann gehöre ich dir ganz allein,
das stimmt nicht ganz, oh nein, oh nein,
es müssen noch viele Gedichte sein.

2016 Oktober

Zwischen dunklem Herbstlaub in des
Moores dunkler Quelle
findest du mit Lust die muntere Forelle.

2016 Oktober

Richte dich nicht immer nach dem
    Gesetze,
sonst bist du in der Menschlichkeit immer
    der Letzte.

Der Körper ist 'ne lusti'g Sach',
er macht die Seelenkräfte schwach.

In Korea sind die Menschen Puppen,
hier im Westen sind sie
Sternenschnuppen,
weißt du was?
Beides ist kein Spaß.

2016 Oktober

Du hast den Kuchen mir gebracht,
das hat mich süß und froh gemacht.

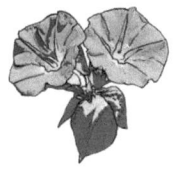

2016 Oktober

Von der Bank gemeinsam das Gebirge
und den See im Blauen
und die Sonne an dem andren Ufer
laubverzaubert schauen.

2016 Oktober

Wir werden weiter lachen,
dann können böse Sachen
uns nur noch lustig machen.

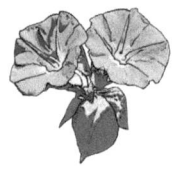

2016 Oktober

Der Schlaf ist wie ein wildes Tier,
mal beißt es dich, mal spielts mit dir.

2016 Oktober

Welt, danke dir für dieses Kind,
drum wir auch glückliche Eltern sind.

2016 Oktober

Zurück gleich von dem Sticheln
können wir wieder picheln
und nach dem vielen Picheln
können wir wieder sticheln.

2016 November

Wenn wir uns nur selbst begnügen,
sind Beziehungen zu anderen Lügen?

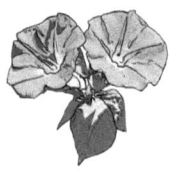

2016 November

Du schleppst fürs tägliche Leben so viele
    Sachen,
ich versuche, durch Reime dir Freude zu
    machen,
über alles müssen wir beide lachen
und lassen die Sterne als Feuerwerk
    krachen.

2016 November

Da möchte man doch kein Mensch mehr sein
mit Trump als Präsidentenschwein.

2016 November

Wenn die Welt Geline kennte,
wäre sie die PRÄSIDENTe
gekocht von mir ganz fein al dente.

Macht Politik ein freches Stück
ziehen wir uns in den Traum zurück.

2016 November

So wie die Schecky kommt nach Haus
und schleckt dein super Suppischmaus,
werd ich umarmt ganz inniglich,
komm ich am Abend pingelig.

2016 November

Den alten Wein aus Wonnetagen
haben wir recht gut vertragen,
lass mich der alte Junge sein,
dann bin ich dein und du bist mein.

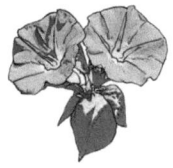

2016 November

Am Rand der Welten ist der Mond heut
    rund und groß,
lass mich an deinem Rande werden lieber
    bloß.

2016 November

Wir lieben Fantasie in wunderlichen
Märchen,
ich deinen Morgengruß wie von den
Morgenlerchen.

2016 November

Und was auch immer kommen mag,
der Kleine ist uns keine Plag',
wir werden ihn erfreuen,
das ist nie zu bereuen.

2016 November

Die Goldi und der Enkel klein
tanzen zusammen auf einem Bein.
Opa schreit, das kann nicht sein,
wir wollen tanzen zusammen zu drein.

2016 November

Der Enkel so jung
hält die Goldi in Schwung,
und Opa wird schneller,
der Geist wird auch heller
von allen drein,
das ist Hexerei.

2016 November

Der Enkel war hell, klug und aktiv,
du machst das perfekt, und wie es dann lief.

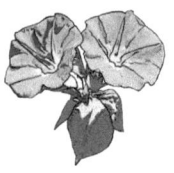

2016 November

Der Enkel ist schon lange weg,
ich find ihn in meinem Seeleneck.

2016 November

Im Garten dein heller Lichterbaum
vertreibt den dunklen Sorgenschaum.

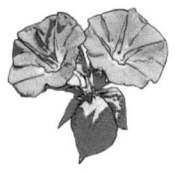

2016 Dezember

Wir haben in Meran die Alterung verloren
und sind als jugendliche Liebespaarung
    neu geboren.

Der halbe Mond erhofft den vollen,
der aber sollte den halben wollen.

Die roten Äpfel wollen nicht versäumen
den Winter an den schon blattlosen
   Bäumen,
die Sonne will auf Bergesspitzen
den Schnee noch sommerlich erhitzen.
Der Wein will tief in seinem Innern
an Früh und Jetzt zu zweit erinnern
und wenn die Wasser uns umspülen,
wir mühsam in Gedanken wühlen.
Das Rot wirkt nach, der Sommer geht,
schnell ist der Wein im Fluss verweht,
gelassen steigt der Wandersmann
herauf, hinab, so, wie er kann,
er sieht von fern die Kuppen strahlen:
Wollt ihr euch nicht im blauen Himmel
   aalen?

2016 Dezember

Wir werden es schaffen,
alle Kräfte zusammenraffen,
helfen beim Gehen,
helfen beim Sehen,
einer stützt den andern
beim Sehen und beim Wandern
und beim Trösten auch
die Seele und den Bauch.

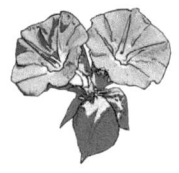

2016 Dezember

Sag doch nicht früh: Die Hand tut weh,
sag lieber, ach, wie lieb ist E.

2016 Dezember

Die Gänseschar ist auf den Winterwiesen,
im Ufer grau erglänzen Weihnachtsriesen.

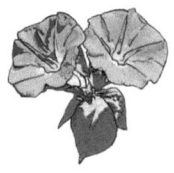

2016 Dezember

Auch wenn das Wort in meinem Hirn
verstummt,
es ist noch nicht total verdummt,
es denkt nur immerfort an dich
und formt dann Wörter inniglich.

Schau heut nicht ins Paket von Amazon,
denn dann weißt du alles schon,
eine Überraschung soll es sein,
ist es auch noch so klein.

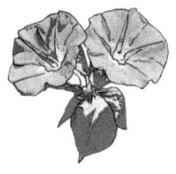

2016 Dezember

Der ganze Tag war gestern Mist,
drum ging ich stumm in meine Kist',
nach einer kleinen Mütze Schlaf
bin folgsam ich wie Lamm und Schaf.

2017 Januar

Mal Urlaub, mal Arbeit, und eins, zwei, drei,
mal sind sie da, schnell auch vorbei,
alles kommt wieder,
schön wie der Flieder.

2017 Januar

Auch wenn es morgens noch so dunkel ist,
springen wir fröhlich aus unsrer Kist'.

2017 Januar

Lass uns den Körper nicht verneinen,
dann wird der Geist uns zwei vereinen.

2017 Januar

Schlafen und Wachen, Regen und Schnee,
wir zwei zusammen, da tut uns nichts weh.

2017 Januar

Die Sacher Anna war fidel,
die Torte war nicht nur aus Mehl,
ich hab die ganze Nacht gedichtet,
und für dich Blumen aufgeschichtet.

2017 Januar

Wenn der Chirurg den Körper dir verletzt,
bist du sofort mit Jesus Christ am Kreuz
    vernetzt.

2017 Januar

Das Wochenende wird voll Kälte sein,
wir wärmen uns an Lieb und Wein.

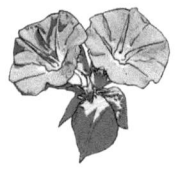

2017 Januar

Auch wenn die Stimmung noch so wechselt,
ein Gott daraus ein Kunstwerk drechselt.

2017 Januar

Der Mensch aus deiner Kinderzeit
macht frisch die ganze Lebenszeit.

2017 Januar

Wir glauben nie, was Ärzte sagen,
lass uns prognostisch nur das Beste wagen,
der eine kann nicht gehen,
der andre wenig sehen,
der eine wird mobil,
der andere sieht viel,
wenn wir uns gegenseitig stützen,
werden wir die Freude nützen.

2017 Februar

Kein Tag ist wie der andre,
ich mach mich auf und wandre
mit dir zu keinem Ziel,
mit dir – das ist zu viel.

2017 März

Immer in meiner Nähe bleib,
dann werden Probleme zum Zeitvertreib.

2017 Februar

Die Welt verändert sich sekündlich,
meine Fürsorge um dich verkehrt sich
    stündlich,
unsre Mütter werden dich beschützen,
Pater Ruppert und Altötting deinem
Augenlichte nützen.

2017 Februar

Geline, pass gut auf!
Sei vorsichtig und schnauf,
denn jeder deiner Augentropfen
wird Gesundheit für uns klopfen,
sei vorsichtig und schnauf,
Geline, pass gut auf.

2017 Februar

Der Schlaf kommt, wenn es ist sein Wille,
wir zwingen ihn nicht einmal mit der Pille.

2017 Februar

Musik macht Freude, schickt alles Leid
mit Lust ab in die Ewigkeit.

2017 Februar

Heute wird dir alles wohl gelingen,
hört ich im Traum die Englein singen.

2017 Februar

Die Laserlöcher in den Skleren
sich gegen hohe Drucke wehren.

Der Mond ist heute nur halb rund,
die andre Hälfte treibt es kunterbunt.

2017 Februar

Die Angst verbreitet Furcht und Schrecken,
ach Quatsch – es sind nur Faschingsjecken.

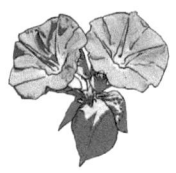

2017 Februar

Es gibt doch gar nichts, was uns stört,
solange die Liebe uns beide betört.

2017 Februar

So riesig ist heut die Banan',
dass ich sie nehm als Himmelskahn.

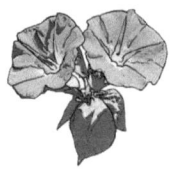

2017 Februar

Wenn draußen Frühlingsstürme weh'n,
wir ins Versteck der Hoffnung späh'n.

2017 März

Am Aschermittwoch alles vorbei.
Das ist mir völlig einerlei.
Der tote Jürgen jedoch
schafft ein riesiges Loch.

2017 März

Ich lauf dem Jürgen hinterher,
als wenn er noch lebendig wär.
Er dreht sich niemals um.
Wie dumm.

2017 März

Gleichgültig ist der kleine Mond,
wenn sich der volle noch nicht lohnt.

2017 März

Das Bussi, lieb, an jedem Morgen,
soll vertreiben alle Sorgen,
so wie der Hahn kräht auf der Miste,
sich treibt auf deines Tages Piste.

Wenn unter Strom die Füße steh'n,
der Pups muss um die Ecke weh'n.

2017 März

Morgen fahren wir zum Kleinen,
da werden wir nicht mehr leiden und auch
nicht weinen.

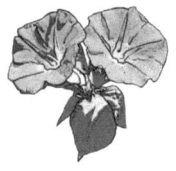

2017 März

Ich kann heute gar nicht dichten,
nur meine Leiden schichten.
Oben und unten dasselbe,
vielleicht doch das Gelbe.
Verzeih,
einerlei.

2017 März

Bald bin ich wieder ganz gesund,
küss hauchend der Geline Mund,
kann dann auch wieder aufrecht steh'n,
wenn Lebensstürme heftig weh'n.

2017 März

Du bist und bleibst mein Leben,
eben, eben, eben.

2017 März

Meine Seele ist voller Gedanken,
die sich alle um dich ranken.

2017 März

So ernst das Leben immer ist,
es kennt nicht unsre Lebenslist,
was immer kommt zu überleben,
den Ernst in Fröhlichkeit zu heben.

2017 März

Diese Scheißpolitik
macht uns gar keinen Kick,
wir schmeißen sie raus
aus unserem Haus.

2017 März

Wir lassen uns durch keinen Mist
vertreiben aus der Liebeskist'.

2017 März

Ein Rollo im Kino aus deiner Hand
führt mich in deiner Liebe Wunderland.

2017 März

Ich will mit diesen Büchersachen
dir eine kleine Freude machen
und zeigen der jetzigen und späteren Welt,
was uns im Inneren zusammenhält.

2017 März

Durch das Badefenster lass den großen
   Wagen
dich zu deinem Liebsten traumhaft tragen.

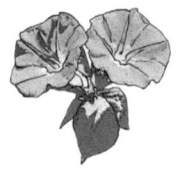

2017 März

Ich klapp're mit dem Wecker,
dann schmeckt die Zeit sehr lecker.

Dank für die Geburtstagstage,
sie verscheuchen jede Plage.

Die Sonne ist eine lustige Sache,
versteckt sich oft, dass ich nicht lache.
Die Sonne ist eine böse Sache,
versteckt sich oft, dass ich nicht lache.

2017 April

Wir sind der Gesundheit untertan,
das hat uns der liebe Gott angetan.

2017 April

Immer Schnee
tut uns weh,
aber wir zwei
sind manchmal auch drei.

2017 April

Verändert hatte mich das Wetter,
bei gutem bin ich immer netter.

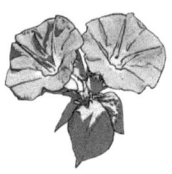

2017 April

In österliche Kleider möchte ich mich hüllen,
um dir die Wünsche alle zu erfüllen.

2017 April

Schlaf ist dem Hirn ein echter Segen,
wie für die Natur der Maien Regen.

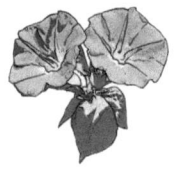

2017 April

Erst muss der Himmel weinen,
dann wird die Sonne scheinen,
hab Acht heut Nacht,
es kracht und lacht.

2017 April

Ich will dir schwören und versichern,
morgen wird der Schnee zum letzten Male
    kichern.

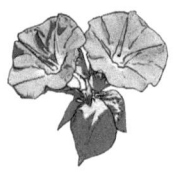

2017 Mai

Ich freu mich so auf Palma,
da spielen wir nicht nur Halma.

2017 Mai

Ich werde immer mich bemühen,
dass zwischen uns die Wörter blühen.

2017 Mai

Du fährst heut in die Welt hinein,
dort sowie hier – bleibe ich dein.

2017 Mai

Nun können deine Augen wieder strahlen,
dürfen sehen ohne alle Qualen.

2017 Mai

Der Mai spielt mit den grünen Farben,
beim Träumen ernten wir der Spiele Garben.

2017 Mai

Im Bett der morgendliche Kuss
ist ein Darf und auch ein Muss.

2017 Mai

So wie die Sonne scheint mal hin und wieder,
so laufen manchmal besser unsere Glieder.

2017 Mai

Ich weiß: Kein einziges meiner Gedichte
macht deine großen Sorgen um mich
zunichte.

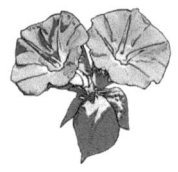

2017 Mai

Maxim lernt die Sprache der Schweiz,
das ist für Goldi der besondere Reiz.

2017 Mai

Eins neun sieben sieben war Beginn,
eins neun neun und sechs war immer
    noch Sinn,
jetzt zwei neun und sieben zehn,
wird es immer weitergehn,
der Duft lässt uns raten,
mit welchen Taten
wir im Jetzt wollen waten,
wir wollen viel lachen
und Lustiges machen
in unseren alten Sachen.

2017 Mai

Der Frauen Duft, das ist er schon,
des Mannes allergrößter Lohn.

2017 Mai

Du hast Vögel im Kamin
und mich als Vogel, der ich bin.

2017 Mai

Ich bin ein dummes Schaf,
verstehe nichts vom Schlaf
und wie
nie.

2017 Juni

Hat dich der Schlaf mal übermannt,
hab ich dich in mein Traumland fest
    gebannt.

2017 Juni

Die Träume sind uns unbekannt,
vor denen wir mal weggerannt.

2017 Juni

Dank, dass deine großen Sorgen
mir schenken einen bess'ren Morgen.

2017 Juni

Dank für die morgendliche Banane,
dafür bin ich auf deinem Häubchen die
    Sahne.

2017 Juni

Du mit Nina bist die eine,
mit der ich lache und auch weine.

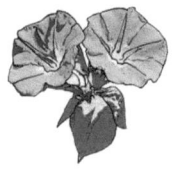

2017 Juni

Ich nehm dich immer, wie du bist,
das ist echt wahr und keine List.

Gäb es Petrenko nicht und Mahler,
wäre die Welt um (in) uns viel kahler.

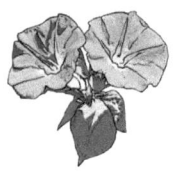

2017 Juni

Der Augendruck, der grüne Star,
ist nicht so schlimm, wie er mal war,
du musst Probleme überlisten.
Fahrt frei! Auf allen Lebenspisten.

2017 Juni

Wenn die Kunst dir Freude macht,
dein Schutzengel im Himmel lacht.

2017 Juni

Im neuen Bild die Winterfarben
wechseln in mir zu Sommergarben.

2017 Juni

Abstraktes wird erst dann konkret,
wenn Liebe durch die Hirne weht.

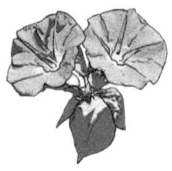

2017 Juni

Vom Urlaub zurück,
behalten ein Stück.

2017 Juni

Alle Schmerzen sollen vergeh'n,
wenn wir in dem Liebestempel steh'n.

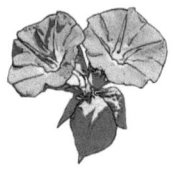

2017 Juli

Dies Gefühl will mich vernichten,
da kann auch ich nicht mehr andichten,
einzig retten kann der Schlaf,
er war, ja!, heute Nacht recht brav.

Wenn wir uns auf die „Kindertage" freuen,
brauchen wir die „Altersschmerzen" gar
     nicht mehr zu scheuen.

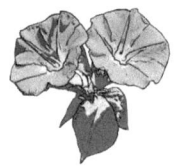

2017 Juli

Und immer wieder „geht die Sonne auf",
so wie im Lied bestimmt sie unsern Lauf.

2017 Juli

Vergessen die schlechten Tage, die miesen,
erfreu dich an den Blumen auf den
    Lebenswiesen.

2017 Juli

Die besten Früchte kriegst du aus dem
    Garten,
wenn du genügend Zeit dir nimmst zum
    Warten.

2017 Juli

Diese Nächte sind nicht schön,
lass uns doch nächtens mal spazieren
　　gehen.

2017 Juli

Ich war auf dem Vernichtungstripp
und nahm dich mit auf dieser Shipp,
entschuldige dies bitte
und bleibe meine Mitte,
es ist das Land, wo wir uns gut verstehen,
von dort will niemand weitergehen.

2017 Juli

Die Droge geht durch Hirn und Geist,
überall hin, wo du nicht weißt.

2017 Juli

Kennst du das Land
in dem es nie mehr regnet,
uns beiden immer nur das Sonnenlicht
    begegnet?
Den meisten ist es nicht bekannt.

2017 Juli

Wenn Kinder in den Urlaub gehen,
zu Hause wir ihr Glücksrad drehn.

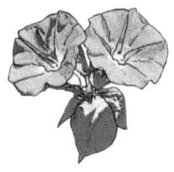

2017 Juli

Das Gemeinwohl von uns zwei
ist wohl keine Hexerei,
ich bin dein und du bist mein
sollte das Gemeinwohl sein.

2017 August

Im Jahr beginnt heut Monat 8,
wir wünschen, dass er mit uns lacht.

2017 August

Schwimmend mit dir im See,
ich freudig ins Paradies eingeh,
gemeinsam spielen wir das Spiel der Spiele,
so ganz für uns und nicht für viele.

2017 August

Genieße jeden Sonnenstrahl,
die Luft fühlt sich so kalt schon mal.

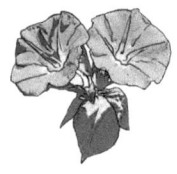

2017 August

Warum scheint der volle Mond so hell?
Er wäre leer, verschwände dann zu schnell.

2017 August

Es blitzte heut die ganze Nacht,
was hat denn dies der Welt gebracht?
Vergangenheit soll uns nicht holen,
wir lachen über sie verstohlen.

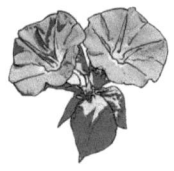

2017 August

Was immer du den Freunden tatest,
du von deinem Gott erbatest.

2017 August

Lass dich vom blauen Enzian
verzaubern, ja!
Es ist kein Wahn,
denn er ist da.

2017 August

Freunde sind oft mühsam zu ertragen,
trotzdem muss man immer wieder
Freundschaft wagen.

2017 August

Genieße jede Morgenröte,
damit sie alle Sorgen töte.

2017 August

Wenn neben uns der Sturm die Eiche fällt,
sind wir bereit zu retten die ganze Welt.

2017 August

Du aßest Spaghetti mit al Sugo,
ich trank das Weißbier und nicht den Hugo.

2017 August

Dank sei dem Heiligen aus Padua,
denn das Verlorene ist wieder da,
und wenn wir ihn besuchen,
müssen wir nie mehr suchen.

2017 August

Wenn ich die Arbeit noch so mag,
erfreut uns der letzte Arbeitstag,
kannst du die Welt nicht bessern,
benutze die Schärfe von Messern.

2017 August

Im Urlaub bin ich dein Gedicht,
mit Reim beginnt die Arbeitsschicht.

Das ist mir wirklich arch,
verzeih, dass ich so schnarch.

2017 September

Die Frucht des Urlaubs kann erst reifen,
wenn wir nach der Arbeit greifen.

2017 September

Der Herbst beginnt,
der Regen rinnt,
die Sonne schwimmt,
der Traum erklimmt
die sehr ersehnten Berge,
wir bleiben keine Zwerge.

2017 September

Für die Umarmung zur rechten Zeit
dank ich dir von Herzen weit.

2017 September

Ich bin kein Realist,
weiß aber, dass du es bist.

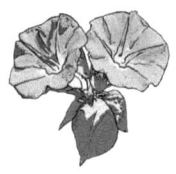

2017 September

Wenn andere nicht mehr die einen wählen,
die einen immer nur die anderen quälen.

2017 September

Der Nebel schlägt sich aufs Gemüt.
Vollkommen mit ER ist nur der Rüth.

2017 September

Wenn abends am See über den Bergen die
    rosa Wolken erblüh'n,
wir dann gemeinsam die Zukunft erobern,
    nicht zögernd, doch kühn.

2017 September

Ich seh uns baldig wieder
gemeinsam in den Betten schlafen,
wir brauchen keine Kinderlieder,
wir zählen uns zu allen Schafen.

2017 Oktober

Wie er sich dreh'n und wenden mag,
es war trotzdem ein schöner Tag.

2017 Oktober

Darm ist Seele und Seele ist Darm,
ohne Seele im Darm
wären wir arm.

2017 Oktober

Lass dich zum Lächeln einmal kurz verführen,
den Sorgen sind verschlossen alle Türen.

2017 Oktober

Im Leben war schon immer „Suchen"
Bedingung, um das Glück zu buchen.

2017 Oktober

Mir kommts so vor, als ob die Welt
so gar nichts mehr zusammen hält,
die Welt ist rund und ohne Ende,
der Anfang endlos eine Wende.

2017 Oktober

Am Morgen ist der Himmel rot wie Glut,
das tut am Tage unsrer schwarzen Seele gut.

2018 November

Dank dir! Du hast das Nina-Fest so
wunderschön gestaltet,
dass die Erinnerung daran nie mehr
veraltet.

2017 November

Auch wenn der Himmel schwarz am Morgen,
machen wir uns um Tage keine Sorgen.

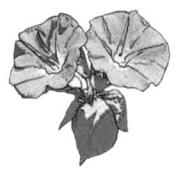

2017 November

Guten Appetit allein,
bald sind wir wiederum zu zwein,
die Kartoffeln waren gut,
geben zur Reise frohen Mut.

2017 November

Ein wenig quer und auch mal lachen,
bis wir wieder was gemeinsam machen.

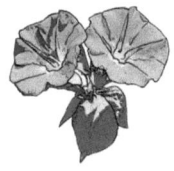

2017 November

Auf der Fahrt der Satz entsteht:
Wenn Du nicht bist ganz bei mir,
bin ich ganz schnell umgeweht,
wie das dünnste Klopapier.

Was nicht zusammen passt, das reimt sich
    nicht,
wir sind zusammen – und sind ein einziges
    Gedicht.

2017 November

Komm in der Nacht wieder an meine Seite,
dann macht die Insomnie mal wieder
    Pleite.

2017 November

Schon viele Tage vorher kann ich spüren,
bald werde ich Schneeschippen vor
    meinen Türen.

2017 November

Und ist der Schnee dann endlich da,
schrei ich mehr „nein" als frohes „Hurra".

2017 Dezember

Wenn in deinem Lebenslauf so manche
    Stellen
dich bekümmern, musst du einfach bellen,
wenn diese dich auch noch bescheißen,
musst du heftig beißen.

2017 November

Wer dreht denn immer an den Uhren?
Es sind die Götter der Lemuren.

2017 November

Wenn wir so im Dunkeln wandeln,
möchte ich mit dir noch mal anbandeln.

2018 Januar

Die ersten Tage des neuen Jahres
machen Hoffnung auf ein wenig Bares
zum Reisen in die Ferne,
allzu gerne.

2018 Januar

Beginnen wir das Jahr mit Hoffen
und von der Liebe ganz besoffen.

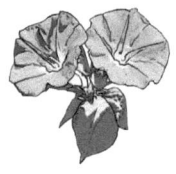

2018 Januar

Der Urknall ist die Mutter aller Qualen,
als Vater muss er auch noch dafür zahlen.

Wir aber bleiben jung und frisch,
nur Alte sitzen fest am Tisch.

2018 Januar

Wenn die Zeit die Kraft verliert,
Zeitlosigkeit Geduld gebiert.

2018 Januar

Auf ging heut Nacht in meinem Hirn ein
    Licht.
Die ganze Welt: ist ein GEDICHT.

2018 Januar

Wird denn der Sinn all unsrer Müh'n,
erst in den Nachkommen erblüh'n?

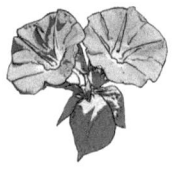

2018 Januar

Das Hirn von Vincent war genial,
der Arme hatte keine Wahl.

2018 Januar

Der Geist erfreut sich an dem Geist,
der wirklich gute Witze reißt.

2018 Januar

Wir sind nicht Churchill, sind auch keine
    Patrioten,
wir sind nur Altruistenboten.

Selten sehen wir im Kino Scheitern,
wir wollen lieber uns erheitern.

2018 Januar

Der Winter kommt in kleinen Stücken,
damit kann er uns kaum entzücken.

2018 Januar

Die Oper ERFREU dir Ohren und Sinn.
Doch wisse: die größte Freude ist „ICH BIN!"

2018 Januar

So gnädig war heute des Schlafes Gott,
setzte mich nur auf EINEN Topf.

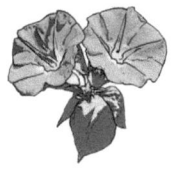

2018 Januar

So tröstend hast du mich berührt,
hast gleich mich in den Schlaf geführt.

2018 Januar

Geline ist die Erste, nie die Zweite
in meiner ganzen Herzensweite.

2018 Februar

Die Zeit sagt, „ich verweh."
Ich sag, „ach geh, ach geh."

2018 Februar

Auch der allerspannendste Roman
kommt an unsre Liebesgeschichte nicht
heran.

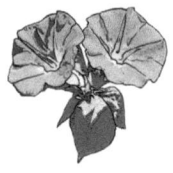

2018 Februar

Lass uns stündlich das Leben genießen,
solange uns die guten Geister nicht
verließen.

Mit allen Menschen haben wir Geduld.
Dann leben wir in uns des Geistes Huld.

Am Rosenmontag ist der Tod
nicht der rechte Götterbot.
stattdessen wird vom Seelenland
ein lustig Lachen hergesandt.

2018 Februar

Gemeinsam schwelgen wir im „Fingerhut",
ach! Tun die Ausgezogenen uns beiden gut.

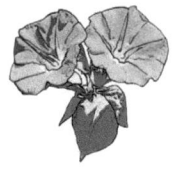

2018 Februar

Morgen sind wir im Bad von Hofgastein,
da fällt mir wirklich gar nichts Besseres ein.

2018 Februar

Wir beide im Heilungsstollen
kann niemand von uns wirklich wollen.

2018 Februar

Wenn wir auch noch so weit verreisen,
wir lieben „das zu Hause" wie die Meisen.

Gemeinsam ist uns Freud und Leid
heute und zu jeder Zeit.

2018 Februar

Wer über alle Berge sich erhebt,
niemals das Vertrauen in sich selbst erlebt.

2018 Februar

Ich kann dir keine Schätze stehlen,
ich kann dich nur als Schatz erwählen.

2018 Februar

Wer ständig schaut zum Ende seines Lebens,
lebt vergebens,
so tapfer sind wir durch den Schnee
    gelaufen,
dass drinnen sich danach die Muskeln
    raufen.

2018 Februar

Gemeinsam sind wir besondere Wesen.
Als einzelne wären wir nicht ausgelesen.

2018 Februar

Bei dir bin ich so froh in deinem Bette,
als ob ich jeden Tag Geburtstag hätte.

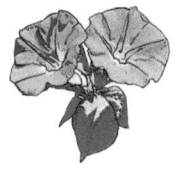

2018 März

Was ist das denn für eine Welt,
die niemals ihr Versprechen hält?

2018 März

Wenn nachts ich unser Haus begeh und
     denke,
schwimmt drunten in dem See die flinke
     Renke.

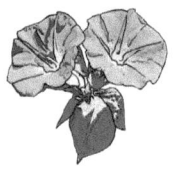

2018 März

Lass uns gemeinsam schauen durch die
     Felsen dieser Erde,
damit aus uns ein Felsenschauer werde.

2018 März

Wenn du wieder bist zu Haus,
entflieht dem Hirn die letzte Laus.

2018 März

Selbst das Dasein strengt mich an,
was ist noch übrig von dem Mann?

2018 März

Ich bin nach Abendkuss zum Schlafen
der allerletzte von den abgezählten Schafen.

2018 März

Was immer wir für Kinder taten,
kann niemals irgendwer erraten.

2018 März

Lass uns beide auf dem Mond spazieren,
das wird ihn und uns enorm verzieren.

2018 März

Die Hoffnung ist so eine zarte Pflanze,
doch letztlich rettet sie das Ganze.

2018 März

Solche Nächte sind nicht zum Lachen,
was sollen wir in der Osternacht machen?

2018 März

Auch der allergrößte Spezialist
kennt für das Schlafen keine List.

2018 März

Mit gestern sind es zwei mal zwei
der Zeilen, sie sind schnell vorbei,
schnell hast du sie gelesen,
als wären sie niemals gewesen.

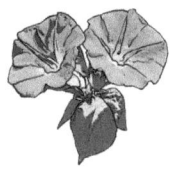

2018 April

Bei diesem Auf und Ab im Leben
kann man eigentlich nur einen heben.

2018 April

Nun ist es Antons und des Gottes Wille,
du bekommst die allerbeste neue
    Sonnenbrille.

2018 Mai

Die Sonne scheint heut leider nicht,
ich seh dein Strahlen im Gesicht.

2018 Mai

Die Mütter leben in uns weiter,
sie machen kräftig uns und heiter,
da sind die schönen Tage
am Abend oft 'ne Plage,
doch bleibt das Schöne zum Erinnern
ganz tief im Hirn, im Innern.

2018 Mai

Lass uns die Zeit genießen,
die uns der Frühling bringt,
die Winterschmerzen ließen
noch übrig, was in uns springt.

2018 Mai

Die Liebe will uns immer finden,
um uns ins Weltall einzubinden,
und der wilde Totentanz
macht erst die Lebensfreude ganz.

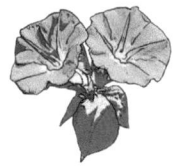

2018 Mai

Lass uns ganz oft in kühle Seen steigen,
bevor wir dann unendlich mit den Engeln
    geigen,
mit dieser psychophysisch neu erreichten
    Frische
schwimmen gemeinsam wir wie flinke
    Fische.

2018 Juni

Der Schlaf kommt, wenn er will, nicht du,
willst schlafen, haben deine Ruh,
gib ihm die Freiheit seiner Wahl,
dann wird das Bett zur Liebe, nicht zur Qual.

2018 Juni

Für die Ewigkeit zur Ewigkeit
sei es ewig viel zu weit,
doch ewig sind wir nicht bereit,
verzichten auf die Ewigkeit.

2018 Juni

Unser Leben wird geregelt durch den Takt,
den bestimmt die Liebe, das ist Fakt,
manchmal kommt doch einer aus dem Tritt,
bis der andre zieht ihn wieder mit.

2018 Juni

Der Urlaub kann beginnen,
wir krabbeln wie die Spinnen
durch unser dünnes Netz,
genießen uns zuletzt.

2018 Juni

Die Stimmung ist noch wie im HISTO,
ich wünsche mir, der pesce MISTO,
mit dir zu leben ist kein Mist,
weil dein Hahn kein Hahnrei ist.
Solltest du mich mal vermissen,
sei sicher, ich bin noch lange nicht
     verschlissen.

2018 Juni

Lass doch den Regen prasseln,
wir sind nicht Kellerasseln,
wir scheu'n das Wasser nicht,
warten auf Sonnenlicht.

2018 Juni

Solang im Garten Blumen sprießen,
kann uns kein Ärger die Laune vermiesen,
wir finden immer was zum Freuen,
auch wenn die Zukunftsblitze dräuen.

2018 Juni

Bald kommt der Sommer angekrochen,
wir haben ihn schon lang gerochen,
und ist er schließlich wirklich da,
ist er nicht gut für ein HURRA?

2018 Juni

„Geline First", so pfeifen alle Spatzen,
soll ich mir in das alte Hirn reinkratzen,
mit Haydn die Woche beginnen:
Geline wird ALLES gewinnen!

2018 Juni

Bald wird der Enkel zu uns reisen,
wird hören unsre jungen Meisen
wird lernen, auf dem Pferd zu reiten
und sich zu zügeln, recht beizeiten.

2018 Juli

Maxim erfreut die Herzen aller,
als Kind ist er ein rechter Knaller,
fühlt was hinter jedem Ding,
ihm ganz neu zu pflücken hing.

Neugier ist sein Elixier,
ist immer dort und niemals hier,
wer mit ihm sich unterhält,
entdeckt die neue schöne Welt.

2018 Juli

Maxim war wie ein heißer Sturm
oder wie ein Trüffelwurm,
er ließ uns dürr und leer zurück,
und ist doch unser ganzes Glück.

Lass dich von deinem Kätzchen morgens
    mit miau begrüßen,
lass deinen Kater sitzen lang an deinen
    Füssen,
du bist für beide doch ein notwendiger
    Genuss
und ohne dich ist Leben ein Verdruss.

2018 Juli

Wie ist das Leben doch beschissen,
warum muss ich Maxim so sehr vermissen?
Die Bindung zu ihm ist doch nicht gerissen.
Er muss nur ganz allein wieder pissen.

Oh Goldi, was hast du für Männer?
Sie sind keine marathonen Renner,
sie sind so schnelle Tränenflenner
und letzten Endes dumme PENNER!

2018 September

Wenn der Alltag dich ergreift,
hat der Urlaub dich gereift,
doch du denkst schon relativ
bald, wann denn er wieder rief.

2018 September

Wenn kühler Wind den Herbst verkündet,
im Haus ein Kerzlein wird gezündet,
erscheint in jeglicher Person
ein Winterschauer wie ein Lohn.

Wenn ich dich im Bette fände,
legte ich mir deine Hände
auf des Körpers nackte Wände,
zauberte Gedichtebände.

Geburtstag in der Steiermark
macht Angela und Otis stark,
dinieren wie im Meer des Shark
und singen morgens wie die Lark:
die Steiermark, die Steiermark,
für Angela mach Geier stark.

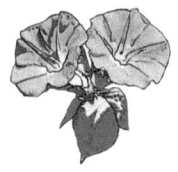

2018 September

Im Park besuchen wir die Eule,
sie schaut auf uns mit einem Auge,
ob unser Fleisch für Sie was tauge,
sonst bleibt sie weiter auf der Säule.

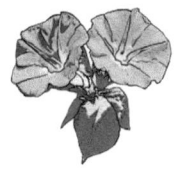

2018 September

Die ersten Blätter fallen,
die Sommersonne hat sie ausgedörrt,
von Winterängsten schon verstört,
erwarte ich der Dunkelheiten Krallen,
wer jetzt die Sonne hat getankt,
nie um die Winterfreuden bangt.

2018 September

Wo sind die Freuden und die Leiden,
die uns von den andren scheiden?
Wir wollen immer einzig sein,
so wie die Loreley am Rhein.

2018 September

Die Blätter blättern durch die Blätter,
die Wetter wettern durch die Wetter,
die Blätter wettern durch die Blätter,
die Wetter blättern durch die Wetter.

2018 September

Wenn wir zusammen trinken Tee,
tut uns das Weltgeschehen nicht weh,
wir schlucken einfach es hinunter,
dann wird die Welt von selbst
herbstbunter.

2018 September

Das Frühstück ist 'ne reine Schau,
der Morgenhimmel zeigt hellstes Blau,
du fährst allein in fremdes Land,
du spürst mich in der rechten Hand.

2018 September

Tausend Gespenster laden dich ein,
einmal auch ein Gespenster zu sein.
Denn ein Gespenster ist schon hienieden
von der dunklen Welt geschieden.

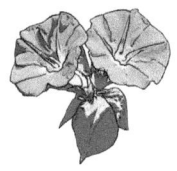

2018 Oktober

Bist du einmal ganz allein,
lad dir das Gespenster ein,
bist du endlich dann zu zwein,
wirst du zum Gespensterlein.

2018 Oktober

Wenn du denkst, du bist allein:
Ein Gespenster lad dir ein,
hast du mit ihm angebandelt,
bist du zum Gespenst verwandelt.

2018 Oktober

Ich möchte ein Gespenster sein
und ewig mit dir leben,
wir brechen in den Himmel ein
und tanzen: eben, eben.

Du bist die Queen der Zeitmaschine,
sind wir zu zweit
rast jede Zeit,
ich sammle Sekunden als Lebensbiene.

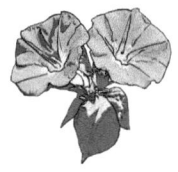

2018 Oktober

Ach wie bunt ist Fantasie,
gerade heute so wie nie!
Doch der Träume Wirklichkeit
färbt des Lebens Herrlichkeit.

2018 Oktober

Du liegst an meiner Seite,
die Liebe ist nicht pleite,
der Nacht mit ihren Mulden
die Liebeskraft wir schulden.

2018 Oktober

Am Tage nach der Schicksalswahl
lebt immer noch der Zitteraal
und frisst im Lebensbecken
die Ängstlichen und Kecken.